This book belongs to

_____

_____

Contents

Apple

Bird

Cloud

Fence

Flower

Grass

Pear

Tree

Watering can

House

Roof

Dog house

Mailbox

Window

Door

Road

Letter

Stairs

Chimney

Kettle

Pot

Cabinet

Plate

Fridge

Cooker

Cutlery

Bin

salt and pepper

Bathroom

Toilet Bowl

Bathtub

Shower

Tiles

Towel

Mirror

Toothbrush

Soap

Sink

Bedroom

Books

Bed

Box

Chair

Picture

Lamp

Nightstand

Carpet

Shelf

Farm

Tractor

Egg

Chicken

Carrot

Goose

Pumpkin

Barn

Pig

Barrow

Forest

Leaf	Acorn	Pine Tree
Tent	Mushroom	Mountain
Fox	Rabbit	Bushes

Beach

Sea	**Umbrella**	**Basket**
Bucket	**Beach Towel**	**Bottle**
Palm tree	**Sand Shovel**	**Sailboat**

Sea

Coral

Starfish

Whale

Jellyfish

Fish

Shell

Crab

Octopus

Pearl

Asteroid	**Star**	**Moon**
Rocket	**Satellite**	**Sun**
Astronaut	**Planet**	**Comet**